गौसिनी एवं उडरज़ो
प्रस्तुत करते हैं
ऐस्ट्रिक्स का एक साहसिक अभियान

सोने की दराती

कथा : **रेने गौसिनी** चित्रांकन : **अलबर्ट उडरज़ो**

Om Books International

Published in 2019 by

Om Books International

Corporate & Editorial Office
A-12, Sector 64, Noida 201 301, Uttar Pradesh, India
Phone: +91 120 477 4100
Email: editorial@ombooks.com Website: www.ombooksinternational.com

Sales Office
107, Ansari Road, Darya Ganj, New Delhi 110 002, India
Phone: +91 11 4000 9000 Fax: +91 11 2327 8091
Email: sales@ombooks.com Website: www.ombooks.com

सोने की दराती
Original title: ***la Serpe d'or***

Translated in Hindi by Puneet Gupta & Dipa Chaudhuri

This work is published under the Publication Assistance Programme Tagore,
with the support of Institut français en Inde / Ambassade de France en Inde and the Institut français de Paris.

ISBN: 978-93-52762-86-6

Printed in India

सन् 50 ई.पू.। पूरे गॉल पर रोमनों ने कब्ज़ा जमा रखा है... पूरे? नहीं! अजेय गॉलवासियों का एक ऐसा गाँव है जो अब भी हमलावरों के विरुद्ध जमकर डटा हुआ है, और जिन्होंने तकरारम, झकमारम, ललकारम तथा कपिघुड़कम जैसी किलाबंद छावनियों के रोमन सैनिकों की नाक में दम कर रखा है...

ऐस्ट्रिक्स, इन साहसिक अभियानों का नायक। इस चालाक, चतुर और नाटे क़द के योद्धा को बेझिझक सभी ख़तरनाक कार्य सौंपे जाते हैं। ऐस्ट्रिक्स अपनी अतिमानवीय शक्ति ओझा औषधिक्स के जादुई काढ़े से प्राप्त करता है...

ओबेलिक्स, ऐस्ट्रिक्स का अभिन्न मित्र। शिला–स्तम्भों के इस पेशेवर वितरक को जंगली सूअर खाने और ज़बर्दस्त लड़ाई करने की लत है। ओबेलिक्स सब कुछ छोड़–छाड़ कर ऐस्ट्रिक्स के साथ एक नए अभियान पर चल पड़ने को हमेशा तैयार रहता है। उसके साथ होता है, अड़ियलिक्स, हमारी जानकारी के अनुसार एकमात्र पर्यावरणविद् कुत्ता, जो किसी भी पेड़ के काटे जाने पर हताश होकर बिलखने लगता है।

औषधिक्स, गाँव के वयोवृद्ध ओझा, जो अमरबेल बटोरते हैं और जादुई काढ़ा बनाते हैं। उनकी सबसे बड़ी उपलब्धि है वह काढ़ा जो पीने वाले को अमानवीय ताकत प्रदान करता है। लेकिन औषधिक्स के पिटारे में और भी कई नुस्खे हैं...

बेसुरतालिक्स, गाँव का गवैया। उसकी प्रतिभा के बारे में लोगों की राय विभाजित है : वह सोचता है कि वह अत्यंत प्रतिभाशाली है, बाकी सबकी राय कुछ और ही है। लेकिन जब तक वह मुँह नहीं खोलता, लोग उसका साथ बेहद पसंद करते हैं...

अंत में, गोलमटोलिक्स, गाँव के मुखिया। राजसी, वीर और गुस्सैल, इस दिग्गज योद्धा के साथी उनका सम्मान करते हैं और दुश्मन उनसे भयभीत रहते हैं। गोलमटोलिक्स को केवल एक ही बात का डर है : कहीं कल आसमान उनके सिर पर न टूट पड़े, मगर जैसा उनका खुद का कहना है : "कल कभी नहीं आता!"

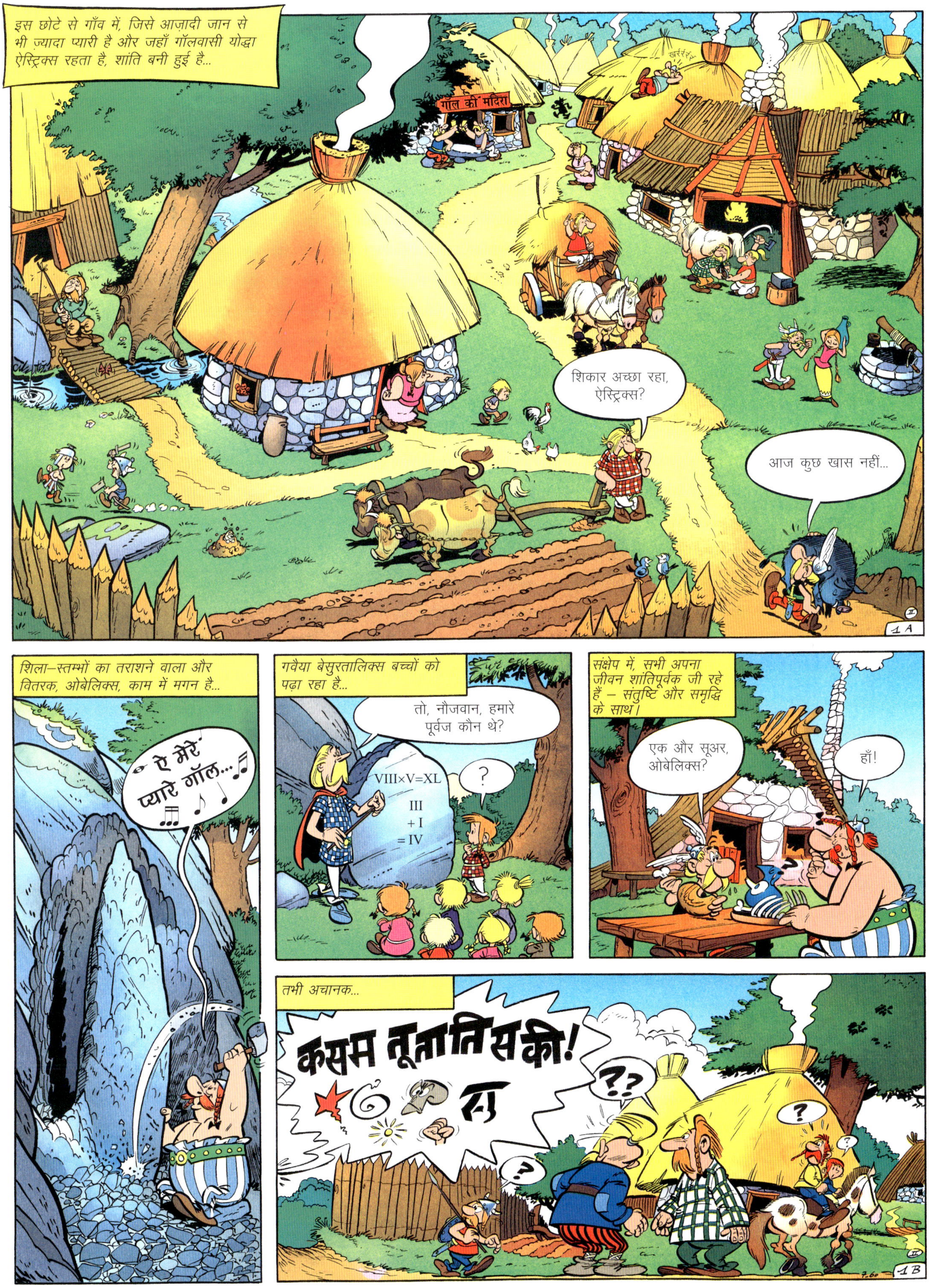

इस छोटे से गाँव में, जिसे आज़ादी जान से भी ज़्यादा प्यारी है और जहाँ गॉलवासी योद्धा ऐस्ट्रिक्स रहता है, शांति बनी हुई है...

गॉल की मदिरा

शिकार अच्छा रहा, ऐस्ट्रिक्स?

आज कुछ खास नहीं...

घन्न्न्गन्न्न्न्... अघर्रघन्न्न्न्... नमनमनम...

क्या बात है, ओझा जी?

इस आफ़त को भी अभी ही आना था! मुझे शीघ्र ही कारन्यूत जंगल में गॉलवासी ओझाओं के वार्षिक महासम्मेलन के लिए रवाना होना है। सोने की दराती के बिना मैं वहाँ नहीं जा सकता!

इस प्रस्ताव के लिए मैं तुम्हारा शुक्रगुज़ार हूँ, ऐस्ट्रिक्स, मगर मैं तुम्हें लुटीशिया नहीं जाने दे सकता...

जाना तो पड़ेगा ही, ओझा जी।
बहुत दूर है और बहुत ख़तरनाक भी!

!
अगर ऐसी बात है तो फिर...

अऽऽ... चलो, मुझे मंजूर है!
अहा!

मैं भी चलूँगा! धातुकर्मिक्स मेरा दूर का चचेरा भाई है। हमारे परिवार में एक वही बहुत कामयाब हुआ है!

हमें आज ही निकल जाना चाहिए!
मैं सबको सूचित करता हूँ!
3-A

कसम तूतातिस और बेलेनोस की, मैं कामना करता हूँ कि तुम्हारी यात्रा मंगलमय हो और तुम हमारे ओझा के लिए एक बढ़िया सोने की दराती के साथ शीघ्र वापस लौटो!
हम पर भरोसा रखो, मुखिया गोलमटोलिक्स जी!

यह रहा थोड़ा-सा जादुई काढ़ा जो तुम्हें अजेय बना देगा जब-जब तुम इसे पियोगे!
धन्यवाद...

और अब मैं आपके लिए एक विदाई का गीत प्रस्तुत करूँगा...

फिर मिलेंगे...
देर हो रही है...
मैंने सूअर को सींकचे पर चढ़ा रखा है...

बाद में...
यह शिला-स्तम्भ क्यों ढो रहे हो?
धातुकर्मिक्स को भेंट करने के लिए! दोस्त के लिए एक छोटा-सा उपहार!
3-B

सुना है आजकल यह जंगल डाकुओं से भरा पड़ा है। मैं जादुई काढ़े की दो-चार बूँदें पी ही लेता हूँ।
और मुझे तो काढ़ा मिलेगा नहीं क्योंकि जब मैं नन्हा-सा था तो जादुई काढ़े के कड़ाहे में गिर गया था। यह तो अन्याय है!

दराती ख़रीदने के लिए तुम्हारे पास कुछ है?
हाँ, सौ सोने के सिक्के दराती के लिए और कुछ कांसे के सिक्के बाकी ख़र्च के लिए...

सुना साथियो?
चलो!

अपना सोना हमारे हवाले कर दो!
ये डाकू हैं क्या?
हो सकते हैं...

फटाक!
तुम्हारा चचेरा भाई धातुकर्मिक्स काफ़ी अमीर होगा!

हाँ, है तो।
चटाँग!

और, दरातियों के बदले मिले इतने सारे सोने के सिक्कों का वह क्या करता है?

और दरातियाँ बनाता है।
ठाक!

उम्मीद करता हूँ कि रास्ते में और डाकुओं से पाला नहीं पड़ेगा। बेकार में हमारी औसत रफ़्तार कम हो जाती है।

रात होने को है, ओबेलिक्स, हम पश्चातापी जंगली की सराय में ठहरेंगे...
सावधान
चिकने पत्थर

पश्चातापी जंगली की सराय
यहाँ का भुना सूअर बहुत मशहूर है।
भुना हो या हल्का-सा नमक छिड़का हो, सूअर मेरा मनचाहा खाना है!

स्वागट है...! कमड़ा चाहिए?
जी हाँ। और, दो सूअर।
दो सूअर मेरे लिए भी!

आप हमारा सामान कमरे में ले जाइए।
???

औड़ आप इस टड़ह किढड़ ज़ा ड़हे हो?
लुटीशिया...
खड़प! खड़प! खड़प!

आऽऽह! लुडीशिया!...

मैं अभी-अभी लुटीशिया से ही तो आया हूँ...
अच्छा?

बहुत सुन्दर नगर है, लेकिन बहुत ख़तरनाक है, बहुत ही ख़तरनाक!
हुआ करे! हम तो वहाँ बस एक दराती ख़रीदने जा रहे हैं।

एक दराती!? आजकल लुटीशिया में दरातियाँ ढूँढे से भी नहीं मिलतीं।
हमें पता है कहाँ मिलती हैं!

अगली सुबह...
शुब यात्ड़ा!...

ऐस्ट्रिक्स, बताना तो, उस यात्री ने हमें यह क्यों बोला कि लुटीशिया में दरातियाँ ढूँढे से भी नहीं मिलतीं?
क्या पता, ओबेलिक्स।

यात्रा का आनंद लो, इसके बारे में बाद में सोचेंगे...

ऐसी आधुनिक इमारतें बनाकर रोमन सारे प्राकृतिक नज़ारे का सत्यानाश कर रहे हैं!

राह–चलते डाकुओं से कुछ झड़पों के अलावा हमारे दोस्तों की यात्रा बिना किसी ख़ास घटना के जारी रहती है...

ऐस्ट्रिक्स और ओबेलिक्स को स्विंडिनम में ठहरने की जगह नहीं मिलती, क्योंकि यह महा बैलगाड़ी–दौड़ 'स्विंडिनम 24 घंटे' का दिन है...

आख़िरकार एक दिन...
देखो! ओबेलिक्स!

लुटीशिया!...
कितना बड़ा है!

कितना भीड़–भड़क्का! लोग यहाँ कैसे रहते हैं? कितना प्रदूषण है!

चलो, धातुकर्मिक्स का मकान जल्द से जल्द ढूँढें!

हट, जंगली कहीं का!
और तू क्या अपने आप को महारथी समझता है?

चलकर उस मछुआरे से पूछते हैं। देखो कितने चैन से बैठा है।

कुछ फंसा?

लोग नदी में इतना कूड़ा–कबाड़ फेंकते रहते हैं कि मछलियाँ ही नहीं बचीं। सुबह से ख़ाली सुराहियों के अलावा कुछ पकड़ में नहीं आया है!

कृपया धातुकर्मिक्स के घर जाने का रास्ता बता सकते हैं क्या?
वह दरातियों का व्यापारी? दाएँ से तीसरा।

धातुकर्मिक्स कला भंडार
ओझाओं के लिए सर्वश्रेष्ठ दरातियाँ
लुटेरिया की कलाकृतियाँ
प्राचीन वस्तुएँ

ओझाओं के लिए सर्वश्रेष्ठ
प्राचीन वस्तुएँ
ठक!
ठक!
ठक!

लगता है यहाँ कोई नहीं है!
धाम्म!
धाम्म!
धाम्म!

आप किसे ढूँढ रहे हैं?
धातुकर्मिक्स को।

वह अब यहाँ नहीं रहता! और मेरी बात मानो, तुम लोग भी यहाँ मत फटको!

खटाक!
?

चलो! हम दरवाज़ा तोड़ डालें!
सावधान! रोमन गश्ती-दल मंडरा रहे हैं...

हम यहाँ दराती ख़रीदने आए हैं न कि मुसीबत मोल लेने!

चलो उस सरायवाले से पूछते हैं...

आकितेन की मदिरा
सेर्वुआज बीयर
मदिरा साथ ले जाएँ
सुराही वापस जमा कराएँ

क्या पेश कर सकता हूँ?
बीयर के दो मग्गे।

क्या आप लोग उत्तरी दिशा के शमंदर के किनारे शे हैं?
आपको ऐसा क्यों लगता है?

आपके शिला–श्तम्भ शे लगता है। मेरी नशरों शे ये शोटी शोटी बातें नहीं शुपती हैं!

मैं भी अरवेरियाई हूँ और शरगोविया के आश–पाश का रहने वाला हूँ...
शरगोविया?
ज़रगोविया!

अच्छा दोस्त, बताइए तो... क्या आप दरातियों के व्यापारी धातुकर्मिक्स को जानते हैं?
धातुकर्मिक्श?!!

मैं इश नाम के किशी को भी नहीं शानता! फटाफट गटको! बंद करने का शमय हो गया है!
?

!
स्पान अरवेरियाई
आकितेन की मदिरा
सेर्वुआज बीयर
बीमारी के कारण बंद है दुकान

बीमारी के कारण दुकान बंद है
चर्रररर!

आकितेन की मदिरा

धाम्म!
धाम्म!

क्या चाहिए?
तुम्हें शावधान करने आया हूँ कि दो आदमी धातुकर्मिक्श को ढूंढ रहे हैं!

धातुकर्मिक्स? अच्छा, अच्छा... और ये कैसे दिखते हैं?...
कोई खाश पहशान नहीं। एक मोटा गॉलवाशी और एक शोटा गॉलवाशी...

और हाँ, मैं तो भूल ही गया था कि उनमें शे एक, एक शिला-शतम्भ लेकर घूमता है।
शिला-स्तम्भ?

ठीक है। चल यहाँ से दफ़ा हो और अगर ज़िंदा रहना है तो अपना मुँह बंद रखना!

शिंता मत कीजिए। मैं शट्टान की तरह गूँगा हो जाऊँगा!

अब उन दो आफ़त के पुतलों को ढूँढने की कोशिश करते हैं...

कसम बेलेनोस की, लगता है किस्मत मेरे साथ है!

अगर दराती के बिना वापस लौटे तो हमारे ओझा कारन्यूत जंगल में दूसरे ओझाओं से नहीं मिल पाएँगे। मामला बहुत गंभीर है।
और मुझे चिंता लगी है अपने चचेरे भाई धातुकर्मिक्स की!

तुम्हें वह अरवेरियाई कुछ अजीब नहीं लगा?
लगा तो, उसके बोलने का तरीका!

मेरा बेढंगापन माफ़ करें...
कोई बात नहीं!
कोई नहीं, कोई नहीं...

लगता है आप लोग हमारी महानगरी में अजनबी हैं। शायद मैं आपकी कोई मदद कर सकूँ?
हम धातुकर्मिक्स को ढूँढ रहे हैं...

धातुकर्मिक्स? अरे, वह तो मेरा सबसे अच्छा दोस्त है! आप उसे क्यों ढूँढ रहे हैं?
इसे कहते हैं संयोग!

हमें धातुकर्मिक्स से एक सोने की दराती ख़रीदनी है।
बढ़िया, बहुत बढ़िया!

धातुकर्मिक्स रिटायर हो गया है और लुटीशिया छोड़कर चला गया है।
ओहो!

मगर कोई बात नहीं, आप मेरे साथ चलिए। मैं आपको बहुत ही अच्छे दाम में दरातियाँ दिलवा सकता हूँ!
बात ऐसी है कि...
और मैं अपने शिला-स्तंभ का क्या करूँगा?

क्या आप अपना सामान यहाँ छोड़ना चाहेंगे?
सामान-कक्ष

तीन लोगों के लिए जगह, गवैयों के ज़्यादा पास नहीं.
जी बिलकुल। कृपया मेरे साथ आइए...

बीयर?
नहीं, मेरे लिए बकरी का दूध...
और कृपया मेरे लिए, एक मोटा–तगड़ा सूअर।

लेकिन... हमारे यहाँ यह सब नहीं मिलता!
कोई बात नहीं...
दरातियाँ कहाँ हैं?...

ज़रा ठहरिये, मैं अभी आया...

निजी

मैं हूँ टोपीबाजिक्स, इस अड्डे का मालिक। मेरे दोस्त दालमेंकालिक्स ने बताया कि आप सोने की दरातियों की तलाश में हैं?
ठीक कहा...

एक उत्तम किस्म की दराती 3000 सोने के सिक्कों में मिलेगी, चलेगा?
?!

क्या? मेरे पास तो सोने के बस सौ ही सिक्के हैं। यही है दरातियों का सही दाम।

लेना हो तो लो वर्ना चलते बनो! ओझाओं का सम्मेलन सिर पर होने के कारण लुटीशिया में दरातियाँ किसी भी कीमत में नहीं मिल रहीं हैं।
यह तो दिन–दहाड़े लूट है!

ऐसे छुटभैयों को मेरे अड्डे पर दुबारा मत लाना।

छुटभैया किसे बोला?
तुझे, और किसे?
रुको, रुको! मैं अभी आया!

भ्राड़ाक!

मेरा शिला–स्तंभ...
दो काँसे के सिक्के...

चलो अभी पता चल जाएगा! गवैयो, गाना–बजाना चालू रखो!

ऐस्ट्रिक्स, तुम्हारे पास दो काँसे के सिक्के होंगे क्या?
चमाट!
खचाक!

शुक्रिया! मैं यूँ गया और यूँ आया!
सामा

लीजिए!
सामान–कक्ष

लो मैं आ गया! और कोई बचा है?
धम्म!
टन्न!
खटाँग!

मुझपर तुम्हारे दो काँसे के सिक्के उधार रहे...
यारी–दोस्ती में तो ये सब चलता ही रहता है...
खचक!
खचक!
कड़कड़!

रोमन छापा मार रहे हैं! IX - II - XI हो जाओ!

भाग निकलो!

?
क्या हुआ? लड़ाई ख़तम हो गई?...

कसम जुपिटर की! लोग सोचेंगे हम पोम्पेई में हैं!
मान-कक्ष

लड़ाई जारी रखें?
नहीं! सफ़ाई देना ज़्यादा अच्छा रहेगा!

यह सब आपकी करतूत है?
जी, और वह भी अपने आप को रोकने के बावजूद!

मेरे साथ चलो। अपनी कहानी शतपति को सुनाना।

पीछे हटो! चलो, चलो! पीछे हटो!

जय हो, शतपति!
जय हो, दशपति! क्या ख़बर है?

इन दो आदमियों ने टोपीबाजिक्स का अड्डा तबाह कर दिया है...
सुनो, मेरी समझ में, शतपति, दशपति से ऊँचा होता है न?
दस गुना ऊँचा!

बहुत अच्छा किया! इन दोनों गॉलवासियों को कारागार में डाला जाए। अगर कभी मन किया तो इन्हें सज़ा सुनाई जाएगी...

कसम तूतातिस की! बात बर्दाश्त के बाहर जा चुकी है!... ऐसा है...

ख़ामोश, गॉलवासी!
मुझे लगता है मैं रोमन शांति-समझौता भंग करने वाला हूँ!!!

अच्छा?!
हाँ!!!
तो फिर शुरू हो जाएँ?

शांति, सज्जनों, शांति!

इस शोरगुल के कारण हमारे उच्चाधिकारी महोदय शांति से भोजन नहीं कर पा रहे हैं। वे चाहते हैं आप जाकर उन्हें समझाएँ कि माजरा क्या है...

देखा, आप लोगों ने क्या किया? लुटीशिया के उच्चाधिकारी को परेशान करने की जुर्रत की! अब उनके सामने अपनी सफ़ाई पेश करना!
और शतपति से और ऊँचा आदमी सहस्त्रपति कहलाता होगा?
15

जय हो, हे संड़ियातस सांड़स।
जय हो, श्रीमान, जय हो...

ये कौन लोग हैं जो मेरे रंग में भंग डाल रहे हैं?
कुछ गॉलवासी। आपस में लड़ रहे थे।

तंग आ चुका हूँ इन गॉलवासियों से, हमेशा लड़ते रहते हैं। क्या मुसीबत है...

इन दो गॉलवासियों ने टोपीबाजिक्स का अड्डा तहस–नहस कर दिया है।

बीयर कुछ ज़्यादा चढ़ा ली थी क्या?
नहीं। हम तो सिर्फ़ अपने ओझा के लिए एक सोने की दराती ख़रीदना चाहते थे।

मुझे पहले से ही शक था कि यह टोपीबाजिक्स दरातियों की दलाली का धंधा करता है...
हे संड़ियातस सांड़स, आपकी नज़र से कुछ नहीं बचता!

अच्छा, चलो, चलो... इन गॉलवासियों को छोड़ दो, मैं इनसे पक चुका हूँ... पूरी तरह से पक चुका हूँ...

यह दरातियों की दलाली के धंधे का क्या चक्कर है?
लुटीशिया में सोने की दरातियों की दलाली का एक गिरोह है। कारन्यूत जंगल में हो रहे ओझाओं के सम्मेलन के कारण दरातियों की माँग आसमान छू रही है...
'पक चुका हूँ'? मुझे तो कुछ पकता दिखाई नहीं दे रहा।

सिर्फ़ उन दलालों के पास ही दरातियाँ मिल सकती हैं, ख़ास तौर से जब से धातुकर्मिक्स बिना अपना पता बताए गायब हो गया है...

तो फिर... हो सकता है कि उन्होंने ही धातुकर्मिक्स का अपहरण किया हो या हत्या...
अपहरण किया हो या हत्या... चलो दफ़ा हो जाओ, और फिर यहाँ कभी अपनी शक्ल मत दिखाना...

बूहूहूहूहूऽऽऽ!
बेचारा धातुकर्मिक्स, मेरा चचेरा भाई!
16

बूहूहूहूहूऽऽऽ!
बेचारा धातुकर्मिक्स, मेरा चचेरा भाई!
हम उसे ढूँढ निकालेंगे, ओबेलिक्स। पहले यह तो बताओ कि तुम्हारा चचेरा भाई दिखता कैसा है?

दिखता कैसा है? नहीं पता। मैंने तो उसे कभी देखा ही नहीं।
!

चलो उसके घर चलें। शायद वहाँ कोई सुराग मिले...
हाँ, शायद। बिना उसे देखे मैं कैसे बता सकता हूँ कि वह कैसा दिखता है...? ऐस्ट्रिक्स को तो यह सोचना चाहिए!

ज़ाहिर है, दरवाज़ा बंद है...
हटो, मैं खोलता हूँ...

कड़कड़कड़!

यह लो!

क्या उथल–पुथल मची हुई है! बड़ी हैरानी की बात है, क्योंकि हमारे परिवार के लोग तो बहुत व्यवस्थित हैं...
यहाँ पर हाथापाई हुई है। देखो, धातुकर्मिक्स अपना सामान और रसोई के बर्तन–भांडे पीछे ही छोड़ गया है...

लेकिन उसके औज़ार, उसकी दरातियाँ और उसका सोना सब गायब है। ओबेलिक्स, तुम्हारे चचेरे भाई को दराती के दलाल उठाकर ले गए हैं...
बूहूहूहूहूऽऽऽ! बेचारा धातुकर्मिक्स!!!

इससे साफ़ साबित होता है कि धातुकर्मिक्स अभी ज़िंदा है! कसम तूतातिस की! हम उसे ढूँढ निकालेंगे।
वाह!

हम यहीं ठहरेंगे और सबसे पहले चलकर कुछ ख़रीददारी कर लेते हैं।
अच्छा विचार है!

बाद में...
लुटीशिया में तो सूअर के नाम पर लूट मची है!
और कसाई का कहना था कि कीमतें अभी और ऊपर चढ़ेंगी। बेचारे गॉलवासी!
17

लुटीशिया पर उगते सूरज का स्वागत तड़के उठ जाने वाले एक गॉल मुर्गे की बाँग से होता है...
कुकड़ूकूऽऽ!

उठो, ओबेलिक्स! हमें खोज शुरू करनी है।
ठीक है। हमें धातुकर्मिक्स को ढूँढ निकालना ही है।

चलो, उस अरवेरियाई दुकानदार के पास चलें। उसे ज़रूर कुछ मालूम है!

मासालिया का सूर्य
अरे!

क्या आप बता सकते हैं वह अरवेरियाई कहाँ मिलेगा जो...
अच्छा, आपका मतलब यहाँ का पुराना मालिक?

उस पागल गॉलवासी ने तो मुट्ठी भर काँसे के सिक्कों के बदले, मुझे अपनी दुकान बेच दी... मगर आपका पूरा पैसा वसूल होगा!

मैं आपको अपना विशिष्ट पकवान पेश कर सकता हूँ : मछली का शोरबा। बढ़िया ताज़ी मछली, जो अभी–अभी बैलगाड़ी पर मासालिया से आई है!
क्या आपको पता है कि वह अरवेरियाई कहाँ गया होगा?

अरे, वह तो ज़रगोविया के लिए आज सुबह बैलगाड़ी से निकल गया, मछली की तरह!
मासालिया का सूर्य

खेद की बात है! अगर तुम थोड़ी देर पहले आ गए होते तो उसे यहीं पाते!
शुक्रिया!

हे बेलिज़मा, ये सभी लुटीशियावासी पागल हैं।

हम उस अरवेरियाई को ज़रगोविया के रास्ते में पकड़ लेंगे।
अच्छा!

वह बहुत दूर नहीं पहुँचा होगा, और पैदल हम एक बैलगाड़ी की रफ़्तार जितने ही तेज़ हैं !
बिलकुल! आखिर बैल भी तो पैदल चल रहे हैं!

कृपया ज़रगोविया का रास्ता बताएँ!
रोमन मार्ग VII ले लीजिए।

कितना यातायात है!
अच्छे मौसम में तो यहाँ का रास्ता ज़रूर सुराही की गर्दननुमा बन जाता होगा!
रोमन मार्ग VII
एजेडिंकम
लुगडनम
ज़रगोविया
धीमी गति! गुलाम काम पर हैं!

इसे कहते हैं असली रथ–सवारी!
ये तो पागल हैं। बल्कि तुम अपने बैलों पर नज़र रखो! ..दुर्घटना होते देर नहीं लगती!

अभी भी अपना अरवेरियाई दोस्त कहीं नज़र नहीं आ रहा...

शायद, वह बैलगाड़ी जो उस पहाडी की चोटी पर है...

ये... ये लोग यहाँ कैशे!!!

वह रहा अरवेरियाई! वहाँ सामने!
चलो, चलें!

और महा–दौड़ शुरू होती है!
हुर्र–हुर्र! हुर्र्र्र्र्र!

मैं इससे आगे निकलता हूँ!

धम्म!

क्या बात है? मुशशे क्या चाहते हैं?
धातुकर्मिक्स कहाँ है? जो कुछ जानते हो उगल दो!

नहीं बताओगे?
बश! बश!
इसे मेरे हवाले कर दो, ऐस्ट्रिक्स! मैं इसकी खबर लेता हूँ!

एक दिन कुश आदमी आए और धातुकर्मिक्श को उठा ले गए... मैं तब वहाँ शे गुशर रहा था, और उन्होंने मुशे भी उठा लेना चाहा...

फिर उनमें शे एक जिशका नाम दालमेंकालिक्श था, उशने मुशे इश शर्त पर जाने दिया कि अगर कोई धातुकर्मिक्श को ढूँढने आए तो मैं उशे शूचित करूँगा। उन्होंने शबर्दश्ती मुशे अपना शाथी बना लिया, लेकिन मैं बिलकुल निर्दोष हूँ!

ठीक है! इस अरवेरियाई ने हमें दालमेंकालिक्स का पता दे दिया है... चलो, वहाँ चलते हैं!
हमें एक बैल तो चखने के लिए रख लेना चाहिए था...
आगे शे कभी भी लुटीशिया में कदम नहीं रखूँगा!
20

जैसा कि उस अरवेरियाई ने बताया था, यही दालमेंकालिक्स का घर लगता है।

खोल, दालमेंकालिक्स! कसम तूतातिस की, दरवाज़ा खोल!
धाम्म! धाम्म!
कचूमर बना दें?

हाँ, चलो कचूमर ही बना देते हैं!
बढ़िया!

कड़कड़!

यहाँ तो कोई भी नहीं है!
चलो, यहाँ की तलाशी लें!

टन्न!
धम्म!
कड़कड़!

?
चन्न!
खन्न!
धड़धड़ धड़ाम!
कड़कड़!

कसम मिनर्वा की! तुम लोग फिर आ गए!

चलो! चलते चलो!
कचूमर बना दें?
नहीं, ओबेलिक्स। अभी नहीं!

जल्दी ही...
और हम यह सोच कर आये थे कि हम यहाँ सिर्फ़ एक दराती ख़रीदने जा रहे हैं!

अमर रहे वरसिनज़े... हिच!- ... टोरिक्स!

और, आप लोगों को क्यों अंदर किया?... हिच!-

हम दालमेंकालिक्स नाम के एक आदमी को ढूँढ रहे हैं...
उसे तो मैं जानता हूँ। वह... हिच!- ...टोपीबाजिक्स के अड्डे पर काम करता था!

टोपीबाजिक्स के यहाँ नारबोन की बढ़िया मदिरा थी... हिच!-...बहुत बढ़िया... लेकिन अब सब चौपट हो गया... हिच!-... सब ख़तम!

बहुत बुरा हुआ... बुऽऽऽऽरा! बूऽऽहूऽऽ... हिच!-... हूऽऽऽ...
कुछ पता है कि टोपीबाजिक्स और दालमेंकालिक्स कहाँ गए होंगे?

नहीं... ऊँऽऽ!...लेकिन मैंने कई बार टोपीबाजिक्स को दालमेंकालिक्स से चट्टान के नीचे मिलने की बात करते हुए सुना है... हिच!-
चट्टान के नीचे?

कोई सुराग तो मिला, छोटा-सा ही सही! चलो, यहाँ से निकलें!
ठीक है!

कड़कड़कड़!

?

अमर रहे वरजिनसे... वरसेजिन... हिच!- ...वरसेजिनटोरिक्स!

-हिच!-
?!

सावधान! जल्दी आओ! कैदी फ़रार हो रहे हैं!

ही! ही! ही! ही!
यह मज़ाक करने का समय नहीं है, ओबेलिक्स। हमें बहुत से ज़रूरी काम करने हैं!
टन्न!
तड़ाक!
चटाक!

रुक जाओ, कसम मरक्युरी की! मेरे मालिक, उच्चाधिकारी महोदय, इस शोर–गुल से परेशान हो गए हैं। उनका हुक्म है कि आप जाकर उन्हें समझाइए कि माजरा क्या है!
टन्न!
चटाक!

तुम गॉलवासी फिर से आ गए? जब भी मेरे खाने और सुस्ताने का समय होता है तुम टपक पड़ते हो।
इन्होंने एक घर का, कारागार के दरवाज़े का और सात सैनिकों का कचूमर बना दिया
-हिच!-

काफ़ी दिलचस्प कहानी है। बहुत मज़ा आया! ईनाम के तौर पर मैं इन दोनों गॉलवासियों को आज़ाद करता हूँ!

कुछ देर बाद...
अमर रहें वरज़ेटोसेट्रीज़...

-हिच!-
23

हमें हर हालत में वह चट्टान ढूँढनी पड़ेगी जहाँ दालमेकालिक्स और टोपीबाजिक्स मिला करते हैं!
यह आसान नहीं होगा...
शराबिक्स

क्या पता? लुटीशियावासियों के पास उतनी चट्टानें तो होंगी नहीं ...
बेचारे!

मुझे लगता है कि वहाँ से हमें कुछ पता चल सकता है...

लुटीशिया की सैर करें
घनघोरस घुमक्कड़स
गाइड
यहाँ लैटिन बोली जाती है
यहाँ सेल्टिक बोली जाती है
यहाँ जरमानी बोली जाती है

क्या आप हमारी सुंदर नगरी की सैर करना चाहते हैं?...
जी नहीं, हमें चट्टानें देखनी हैं!
लुटीशिया की रातें रोशनियाँ मनोरंजन तफ़री ३ सिक्के

लेकिन यहाँ तो कोई चट्टान नहीं है!
(आह भरते हुए) बेचारे!
मुझे यकीन है कम से कम एक तो ज़रूर होगी!

एक मिनट... असल में... मैंने एक चट्टान के बारे में सुना तो है जो जंगल में है... वह जंगल जो उस दिशा में है जहाँ सूरज डूबता है...

ये हुई न बात! हमें उस जंगल में ले चलो!
बिलकुल नहीं। उस जंगल में भेड़िये और डाकू फिरते हैं।

इसके बजाए आप लुटीशिया की रातों का आनन्द क्यों नहीं उठाते? सिर्फ़ ३ सिक्के और जितना जी करे उतनी बीयर!
नहीं, धन्यवाद!

चलो, चलकर उस जंगल को ढूँढें जो सूरज डूबने की दिशा में है!
सिर्फ़ एक चट्टान...बेचारे!
लुटीशिया की सैर करें

सूर्यदेव बेलेनोस खुद हमें रास्ता दिखा रहे हैं!...
वे बड़े अच्छे हैं!

भेड़ियों से पाला पड़ने का डर तो नही ?...
नहीं, मगर उम्मीद है कि कुछ सूअरों से भी पाला पड़ेगा, क्योंकि मुझे भूख लगी है और भेड़िये मुझे पसंद नहीं!...

हमारा पाला शायद डाकुओं से भी पड़े!
नहीं, नहीं! मैं डाकू भी नहीं खाता!

हमारे दोनों गॉलवासी बढ़े चले जा रहे हैं उस घने जंगल की ओर जो अभी भी इस बात से अनजान है कि एक दिन वह बुआ द बूलोन्य कहलाएगा!

आप लोग कहाँ जा रहे हैं?
जंगल में!

रात में जंगल में जाना ख़तरनाक है! वहाँ भेड़िए और डाकू घूमते हैं!
हुँह! हम गॉलवासी किसी से नहीं डरते!

अपनी बात करो! मैं भी गॉलवासी हूँ, और मैं तो डरता हूँ!

हमारा पाला पहले किससे पड़ेगा, भेड़ियों से या डाकुओं से?
चलो, शर्त लगाएँ!

अगर पहले भेड़िए मिले तो तुम मुझे बीयर पिलाना, अगर डाकू मिले तो मैं तुम्हें पिलाऊँगा!
पक्का!
थप्प!

होऊ ओऊ ओऊ ओऊ ओऊ
भेड़िए! मैं जीत गया!
जंगली जानवर कहीं के!
फटाक!

यह चीख़ उधर से आ रही है...
हमेशा मैं ही शर्त हारता हूँ! यह तो अन्याय है!
ओऊओऊओऊओऊ

ओऊ ओऊ ओऊ ओऊ
देखा, मैंने क्या कहा था?
हाँ–हाँ, क्यों नहीं, ऐस्ट्रिक्स महाशय सबसे चतुर जो ठहरे, ऐस्ट्रिक्स महाशय सब जानते हैं!

ओऊओऊओऊ
ज़रूर वहाँ ऊपर खाने के लिए कुछ है...

बचाओ!!!
ओऊओऊओऊओऊ
देखा, मैंने क्या कहा था?
फिर भी शर्त हार गए, चतुरिक्स!
ओऊऊऊऊ
यह शर्त बिलकुल ठीक नहीं थी। यह शर्त तो तुमने लगाई थी!
इसमें इतना रोने की क्या बात है, ओबेलिक्स!

टोकने के लिए माफ़ी चाहता हूँ, लेकिन क्या आप मेरी मदद करने का कोई रास्ता निकाल सकते हैं?
ओऊ ओऊ ओऊ

हम आ रहे हैं!
आपकी बड़ी कृपा।
गर्र्र्र्र्र्र्र्र्र

जंगली जानवर कहीं के! और इन्हें तो खा भी नहीं सकते!
भेड़िए के बच्चो! चलो, अपनी माँद में वापस जाओ!
चटाक!
चमाट!

अब नीचे आ सकते हो, हमारे सिवा यहाँ कोई नहीं।
सच में?
बूऽऽ!
!?

आपका बहुत-बहुत शुक्रिया, सज्जनो।
तुम कौन हो?

एक डाकू ...
!

तुम मौके पर थोड़ा पहले नहीं आ सकते थे? ...तब मैं अपनी शर्त जीत जाता!
छोड़ दीजिए मुझे!

ले, छोड़ दिया!

बताओ, डाकू, क्या तुम्हें जंगल में किसी चट्टान के बारे में पता है?
जंगल के बीचों-बीच बलूत के विशाल पेड़ के पास एक चट्टान है तो सही...

बढ़िया! हमें वहाँ ले चलो!...
जंगल के अंदर? इतनी रात गए?

!!
मैं डाकू ज़रूर हूँ लेकिन पागल नहीं हूँ!!!

उसे वापस पकड़ लाएँ?
कोई ज़रूरत नहीं। हम खुद ही ढूँढ लेंगे।

गड़गड़गड़गड़!

कुछ भी दिखाई नहीं दे रहा, ऊपर से बारिश हो रही है!
ठीक कहते हो, ओबेलिक्स... हम पूरी तरह से भटक चुके हैं! चलो, यहाँ आश्रय लें...

समय गुज़र जाता है और सूर्यदेव आकाश में वापस अपना स्थान ग्रहण करते हैं।...

उठो, ओबेलिक्स! कोई आ रहा है!

यह तो दालमेंकालिक्स है! हम इसकी मरम्मत करें?
नहीं, ओबेलिक्स! चुप!
गिटपिट गिटपिट गिट गिट गिट पिट पिट पिट

अरे!?

मेरे लिए रुको, ओबेलिक्स! ज़रा जादुई काढ़े का एक घूँट लगा लूँ...

...और यह आया मैं!

कसम तूतातिसकी!

सुरंग में घुसें क्या?
हाँ, चलो!
धप्प!

उधर रोशनी दिख रही है...

कसम बेलेनोस की!
कसम सारे जंगली सूअरों की!

छोटे ओझाओं के लिए
लंबे-चौड़े ओझाओं के लिए
मझोले ओझाओं के लिए
बड़े ओझाओं के लिए
मेरे सिर पर आकाश टूट पड़े! ...सोने की दरातियाँ। हज़ारों सोने की दरातियाँ!
मैं तो कहूँगा दर्जनों सोने की दरातियाँ!

हमारे दराती–गोदाम में इतनी दिलचस्पी?...

पकड़ो इन्हें!

30
सही कहा! पकड़ो हमें!
आ जाओ! आ जाओ!

सूर्य की किरणें खुले आसमान में उजाला फैला रही हैं...

..हरी–भरी शाखों पर नन्हे पंछी चहचहा रहे हैं...

मख़मली ज़मीन पर गिलहरियाँ अठखेलियाँ कर रही हैं...

जबकि मख़मली ज़मीन के नीचे...
शुरू हो जाओ, ओबेलिक्स!
हो गया, ऐस्ट्रिक्स!
झपाट!
आऽऽह!
धड़ाम!

और कोई बचा है, ऐस्ट्रिक्स?
धप्प! धप्प!
धप्प!
नहीं, ओबेलिक्स, तुम आख़िरीवाले की धुनाई कर रहे हो...

चलो भाग चलें! जल्द से जल्द सरदार को सावधान करें!

ज़रा बताना तो, ओबेलिक्स... टोपीबाजिक्स कहीं नहीं दिख रहा! मुझे तो चिंता होने लगी है!...
कुछ नहीं हुआ उसे। अभी तो यहीं था!

ख़ैर, दालमेंकालिक्स तो यह रहा।
चलो कुछ तो बात बनी...
31

तुम सब यहाँ से फूट लो! अब तुम्हारी कोई ज़रूरत नहीं!
क्या कोई मुझे भी बताएगा कि क्या हुआ है?

तुम नहीं! तुम्हें तो सारा भांडा फोड़ना है!

मैं कुछ नहीं बताऊँगा!
अच्छा। तो शुरू हो जाओ, ओबेलिक्स!

मैं सब कुछ बताऊँगा!

मैं ज़्यादा कुछ नहीं जानता... यह केवल दरातियों का एक भूमिगत गोदाम है। धातुकर्मिक्स इन्हें बनाया करता था और टोपीबाजिक्स इन्हें यहाँ लेकर आया करता था...

धातुकर्मिक्स, मेरा चचेरा भाई! कहाँ है धातुकर्मिक्स?
बड़े सरदार ने उसे बंदी बना रखा है!

तो टोपीबाजिक्स बड़ा सरदार नहीं है?
नहीं, लेकिन सिर्फ़ टोपीबाजिक्स ही उसकी असली पहचान जानता है। कसम तूतातिस की, अगर मैं झूठ बोल रहा होऊँ तो आसमान मेरे सिर पर टूट गिरे!

चलो चलकर इस बड़े सरदार को ढूँढने की कोशिश करें!
चलो!
और मेरा क्या होगा? तुम लोग मेरा क्या करोगे?

तुम यहीं रहकर दरातियों की रखवाली करो। ये धातुकर्मिक्स की अमानत हैं।
क्यों नहीं! क्यों नहीं! खुशी से!
बेचारे बेवकूफ़! जैसे ही इनकी पीठ इस तरफ घूमेगी, मैं दरातियाँ लेकर रफूचक्कर हो जाऊँगा!

जल्दी ही...
इस खुफ़िया दरवाज़े पर रखा यह पत्थर हमारे दोस्त दालमेंकालिक्स को लालच से बचाएगा...
काफ़ी गालियाँ आती हैं इसे!

चलो, जल्दी से लुटीशिया वापस चलें और टोपीबाजिक्स को ढूँढने की कोशिश करें! वह हमें दलालों के सरदार तक पहुँचा सकता है!

कुछ देर बाद...
सलाद पत्ता ले लो! लुटीशिया का सुंदर सलाद पत्ता!
यूनानी जैतून का तेल!
लुगडनम की स्वादिष्ट सॉसेज!...
पता है, ऐस्ट्रिक्स, लगता है कि आज बाज़ार लगाने का दिन है...

...और कुछ ही दूर ...
कृपया मुझे माँस का एक टुकड़ा दो।
एक बढ़िया वाला टुकड़ा?
आह! कुछ आराम मिला!
यह बहुत बढ़िया माँस है...

ओबेलिक्स! देखो!!! वह रहा!!!
!!!
इसके हुए दो सिक्के...

क्या हुआ... इतना महँगा भी तो नहीं है!

वह रहा! उधर भागा जा रहा है!
उस चोर को रोको! मेरा माँस का टुकड़ा! मेरा बढ़िया माँस का टुकड़ा!!!
फटाक!
फटाक!

किस रास्ते भागा है??
मेरा बढ़िया माँस का टुकड़ा!
यह कैसा शोर-शराबा है?
33

खचाक! खचक! धाड़! चटाँग!
भटाक!
शुंई!

कसम अपोलो की!!! तुम फिर टपक पड़े!
मैं भी तो यही सोच रहा हूँ, रोमन!
?

इन दोनों आदमियों को पकड़ लो!!!
सुनो, ज़रा अक्ल से काम लो...

इनकी मरम्मत करें, ऐस्ट्रिक्स?
नहीं, ओबेलिक्स। मुझे उम्मीद है हम उन्हें सब समझा सकेंगे...

और मेरे माँस के बढ़िया टुकड़े का क्या? उसका मूल्य कौन चुकाएगा?

जल्दी ही...
जय हो, शतपति! मैं दो गॉलवासियों को लाया हूँ!
कसम सारे देवताओं की, ये दोनों फिर आ गए!
और मेरा माँस का बढ़िया...

सुन, रोमन, हम तुझे सब समझा सकते हैं...
हमें कुछ नहीं सुनना! इन्हें बेड़ियों में जकड़कर अलग-अलग बंद कर दिया जाय!
टुकड़ा!...

और मेरे माँस के बढ़िया टुकड़े के बारे में आप क्या करेंगे?
अभी दिखाता हूँ कि मैं आपके माँस के बढ़िया टुकड़े के बारे में क्या करूँगा!!!

बाद में...
क्या चोर हाथ आया?
नहीं, ज़रा माँस का एक बढ़िया टुकड़ा देना!
34

क्या हम चुपचाप यह सब सहेंगे?
मुझे लगता है कि मुझसे गलती हो गई। अब हमें यहाँ से भागना पड़ेगा!
ख़ामोश!...

मोटेवाले को इसमें डाल देते हैं...
जल्दी मिलते हैं, ऐस्ट्रिक्स...

मैं तुम्हें चेतावनी दे दूँगा, ओबेलिक्स!
ठीक है, इसी बीच मैं थोड़ी झपकी ले लूँगा...

गॉलवासी, चल अंदर!
दरवाज़ा बंद करने की ज़रूरत नहीं, मैं यहाँ से बस गुज़र ही रहा हूँ!
फटाक!

चलो! बस थोड़ा-सा जादुई काढ़ा, और इन बेहूदी बेड़ियों से छुटकारा...

आऊ! मगर मेरे हाथ जादुई काढ़े तक पहुँचेंगे कैसे...

अरे लेकिन... हिच!... मैंने तुम्हें पहचान लिया!
!!!

तुम!... अभी भी यहीं हो?
हाँ... मैं... हिच!... बाहर निकला तो था, मगर उन्होंने मुझे फिर अंदर कर दिया!

सुनो... मेरी कमर-पेटी से यह बोतल निकालकर मुझे इसमें से एक घूँट पिला दो...
अमर रहे... हिच!... वरजिनसेरिटोक्स!

ये... हिच!... ये पीने की चीज़ है? अच्छी है?...
कसम तूतातिस की, जल्दी कर, तू छलकती सुराही!
35

तू मुझे यह बोतल दे रहा है या नहीं?!!!
नहीं!... हिच! ... तुम अच्छे आदमी नहीं हो... मैं रूठा हुआ हूँ!...

सुनो... यह बहुत स्वादिष्ट है, और तुम भी इसे थोड़ा-सा पी सकते हो...
!! हिच!

ऐसी बात है तो ठीक है!

गुलुप! गुलुप! गुलुप! गुलुप!

बड़ा अजीब सा स्वाद है...
खचाक!

तड़ाक!

अमर रहे हिच! वेरगोगेट्रेसिक्स!
चुप रहो!!!

आ रहे हो, ओबेलिक्स?
अभी आया, ऐस्ट्रिक्स!
खचाक!

तड़ाऽऽऽक!
अमर रहे गेगोट्रिगरिक्स!
तू चुप रहेगा कि नहीं?
36

अमर रहे वेरगेट्रोसेरिक्स
-हिच!-
कसम जुपिटर की, फिर वही मनहूस गॉलवासी!
किं?
तू मुँह बंद रखेगा या नहीं?!
ख़ामोश!

चलो, सैनिको!

यह तो होना ही था। वे रहे सैनिक!
वाह!

सौभाग्य से मैंने अभी-अभी थोड़ा-सा जादुई-काढ़ा पिया है... बिलकुल चकाचक महसूस कर रहा हूँ!

टड़ाँग!
उल्टा मैं थोड़ा कमज़ोर महसूस कर रहा हूँ... खाने की कमी की वजह से...

बचाओ!!

चलो! बहुत हुआ, अब निकल चलते हैं!
तुम नहीं चाहते कि जाने से पहले हम इस जत्थे का भी सफ़ाया कर दें?

अभी और भी काम करने हैं, ओबेलिक्स! हमें टोपीबाजिक्स को ढूँढना है!

मेरे मालिक संड़ियातस सांड़स कारण जानना चाहते हैं इस...

धड़ाम!

... शोर-गुल का!
-हिच!-

मुझे प्याश लगी है... हिच! ये जो मैंने पिया था, उशशे मेरी प्याश नहीं बुझी!

इसे रोको!

हिच!

मुझे बाहर जाने दो! मैं एक बीयर पीने जा रहा हूँ और... हिच! वापश लौट आऊँगा!
चटाक!
फटाक!

हिच!
टड़ैंग!
टड़ाँग!

तो अब!... अमर रहे वरसिनगेटो... अमर रहे जो भी!...
हिच!

इसी बीच...
आख़िर बाहर का रास्ता है कहाँ?

रूको!
!

अंदर जाना मना है! उच्चाधिकारी संड़ियातस सांड़स अंदर मौजूद हैं!

बढ़िया! हमें उनसे दो–चार बातें करनी हैं!
धड़ाम!

अच्छाऽऽ!

?!
!⁇

ये वही हैं, सरदार!!!
बहुत बोलते हो, टोपीबाजिक्स, तुम मुझे पका रहे हो...

ये वही हैं!!!

क्षमा कीजिए, हे संड़ियातस सांड़स। इन गॉलवासियों ने आपको परेशान करने की जुर्रत की है जिसकी सज़ा इन्हें ज़रूर मिलेगी!
शाबास!

तुम्हें तुम्हारी गुस्ताख़ी की सज़ा मिलेगी, गॉलवासी!
तुम्हारा उच्चाधिकारी खुद एक डाकू है! यह सोने की दराती के दलालों का बड़ा सरदार है!

ज़रा कोशिश तो करो!
चलो शुरू हो जाएँ!

उसे छोड़ दो... यह आदमी सच बोल रहा है... असल में मैं ही सोने की दराती के दलालों का बड़ा सरदार हूँ...
!

कब, कहाँ, कैसे, क्यों, किसलिए, किधर, कबसे, कितने?
थोड़ा मन बहलाने के लिए यह सब कर बैठा। (मैं इतना ऊब जो जाता हूँ)!

मैंने यह सोने के लिए भी किया... सोना उन चीजों में से एक है जिसमें मुझे अभी भी दिलचस्पी है...

क्या उत्तम अभिनय था... ज़रा एक मुर्गा पकड़ाना, टोपीबाजिक्स...
यही मौका मिला शुद्ध भाषा झाड़ने और अपना पेट ठूँसने का?!!!
39

और धातुकर्मिक्स का क्या हुआ? कहाँ है वह?
हाँ, मेरा प्यारा चचेरा भाई!

वह दराती बनानेवाला जिसे मैंने गिरफ़्तार करवाया था? वह तो तहख़ाने में बंद है...

चलो!
क्या तुम्हें वाकई कोई मुर्गा नहीं चाहिए टोपीबाजिक्स?
मुझे भूख नहीं है... ज़रा-सी भी नहीं!

धातुकर्मिक्स!
!!!

मैं हूँ, ओबेलिक्स, तुम्हारा चचेरा भाई!
ओबेलिक्स?

तुमसे मिलकर बहुत खुशी हुई!

और यह है मेरा दोस्त, ऐस्ट्रिक्स!
आपसे मिलकर भी!

उह... क्या तुम लोग भी यहाँ बंदी हो, या मुझे आज़ाद करवाने आए हो?
तुम आज़ाद हो, धातुकर्मिक्स! आज़ाद हो!

उसकी बेड़ियाँ उतारकर इन दोनों को पहना दी जाएँ!

आख़िरकार, कुछ मज़ा तो आया! और जब सीज़र को पता चलेगा कि मैं डाकू बन गया तो वह आग-बबूला हो जाएगा! वह हमें अपने जहाज़ों में चप्पू चलाने के लिए बैठा देगा या सर्कस में शेरों के आगे डलवा देगा... हम लोग खूब हँसेंगे!
अगर तुम्हें ये बातें हँसाने वाली लगती हैं...

मैं जानता हूँ कि तुम्हारी बाकी दरातियाँ कहाँ पर हैं, धातुकर्मिक्स। जंगल में एक चट्टान के नीचे... चलो चलकर उन्हें अभी ले आएँ।
तुम अब मुझे नीचे उतार सकते हो, ओबेलिक्स, मेरे चचेरे भाई...

कुछ घंटों के बाद...
बेचारा दालमेंकालिक्स। ऐसा भागा मानो स्वयं तूतातिस उसके पीछे लगे हों...
ही ही... कसम बेलेनोस की, अभी वह इतनी जल्दी लुटीशिया में नहीं दिखने वाला...
चलो अंदर चलें, इस बात का जश्न मनायें...
भंडार
के लिए सर्वश्रेष्ठ दरातियाँ
प्राचीन वस्तुएँ

अच्छा-खासा खा लेते हो, ओबेलिक्स, मेरे चचेरे भाई!
खच्च! खच्च! खच्च!

अभी हमारा अभियान पूरा नहीं हुआ, धातुकर्मिक्स। हम अपने ओझा के लिए तुमसे एक सोने की दराती खरीदने आए थे...
खच्च! खच्च!

मैं आपको यह वाली भेंट करता हूँ... जो इन सब में सबसे बढ़िया है...
लेकिन हम इसका दाम चुकाना चाहते हैं!
खच्च!
खच्च!

नहीं! नहीं! मुझ पर पहले ही तुम्हारा इतना अहसान है! मैं आपकी एक नहीं सुनूँगा...
अगर ऐसी बात है तो...
मैं भी तुम्हारे लिए एक छोटा-सा उपहार लाया हूँ, धातुकर्मिक्स!

यह शिला-स्तंभ... तुम जहाँ चाहो रख सकते हो...
!

और अब हमें अपने गाँव वापस चलना चाहिए... ओझा जी अपनी दराती की प्रतीक्षा कर रहे होंगे।

चलते हैं, धातुकर्मिक्स, मेरे चचेरे भाई। हमसे जल्दी आकर मिलना!
प्राचीन वस्तुएँ
चुम्म!
बहुत-बहुत शुक्रिया! मैं नहीं जानता तुम्हारे अहसानों का बदला किस तरह चुका पाऊँगा...
अरे नहीं, ऐसा मत बोलो...

41

आख़िरकार, सोने की दराती लिए हुए, हमारे दोनों दोस्त लुटीशिया को छोड़ एक शांतिपूर्ण यात्रा पर निकल पड़ते हैं...
सावन के सुहाने मौसम में लुटीशिया से मुझे प्यार हुआ

सिवाय कुछ जल्दबाज़ डाकुओं के...
मैं बता रहा हूँ, आसमान हमारे सिर पर टूट गिरा है!

...कुछ जंगलियों के...
चलो, ओबेलिक्स! ज़रा जल्दी पैर हिलाओ!
याह तो टीक बाट नेंही
बिलकुल नेंही!
पटाक! पटाक! पटाक!

...और कई लापरवाह जंगली सूअरों के...

...उनकी यात्रा, जैसा कि हमने कहा, बिना किसी घटना के पूरी हुई!
देखो, ओबेलिक्स, हमारा गाँव!
वाह!

आ जाओ, गाँववालो! ऐस्ट्रिक्स और ओबेलिक्स वापस आ गए हैं!
वे हमें बता पाएँगे कि लुटीशिया में आजकल किस चीज़ का फ़ैशन चल रहा है!

स्वागत है तुम्हारा, बहादुर योद्धाओ!
इस भव्य अवसर पर मैं एक गीति–काव्य प्रस्तुत करूँगा!
कोशिश करके तो देखो!

यह रही तुम्हारी सोने की दराती, ओ औषधिक्स, हमारे ओझा!
धन्यवाद, मेरे दोस्तो! मैं जानता था कि मैं तुम पर भरोसा कर सकता हूँ!

हमारे सभी गॉलवासी एक महान भोज में एकत्र होते हैं, उन नायकों की वापसी की ख़ुशी मनाने जो गाँव को प्रतिष्ठा प्रदान करने वाली सुंदर सोने की दराती लाए हैं।
मज़ेदार बात यह है कि, गवैया बेसुरतालिक्स अपना एक और गीति–काव्य हमारे कानों में ठूँसने के लिए नहीं पहुँचे!
हम्म्मममम! हम्म्मममम
प्रकरण की समाप्ति!